Cómo escribir poesías

imaginador

Elsa N. Felder

Cómo escribir poesías

Claves sencillas para crear sus propias poesías

imaginador

Primera edición: agosto de 2000

I.S.B.N.: 950-768-330-5

Se ha hecho el depósito que establece la ley 11723
Copyright by GIDESA
Buenos Aires - República Argentina
IMPRESO EN ARGENTINA - PRINTED IN ARGENTINA

PRESENTACIÓN

Canto y cuento es la poesía.
Se canta una viva historia
contando su melodía.

Antonio Machado

Es hermosa nuestra palabra.

Pero ¡cuánto más hermosa aún cuando la transformamos en canto!

Y la letra del canto se hace de versos, que son la unión de notas que crean la música de la palabra.

Y así como aprendemos la teoría musical para lograr escribir melodías, aprendamos el arte del verso para poder escribir bellas poesías. Sepamos que se puede aprender a hacer versos, pero la poesía sólo surge brillante del espíritu de cada uno para unirse al armazón del verso como la piedra preciosa al engarce de la joya.

Por eso, suponiendo que alguien le hubiera pedido la receta para hacer versos, responde graciosamente el poeta Ricardo Palma:

Pues verán... es sencilla la receta:
toma usted líneas de medida iguales
y luego en fila las coloca juntas
poniendo consonantes en las puntas.

Y a la pregunta:

¿Y en el medio?
¿En el medio? ¡Ése es el cuento!
Hay que poner talento.

Y el talento poético no es más, casi siempre, que expresar con verdad y sentimiento lo que nos gusta, lo que nos preocupa o lo que deseamos relatar poéticamente.

El desear expresarse en versos es ya un principio de poesía, y ese sostén del poema que es el verso, es lo que hemos de aprender en las sencillas lecciones de este manual.

Aclaración del título:
En mi original ese título era "Cómo escribir versos" puesto que, como surge de mi misma presentación, la poesía no puede enseñarse. Es creación individual. El aprendizaje es, pues, sólo de la versificación, pero, adhiriendo a la expresión más popular, se decidió titular el texto, "Cómo escribir poesías".

Elsa N. Felder

EL VERSO Y LA POESÍA

El verso es, simplemente, cada uno de los rengloncitos de los que se compone una poesía. Por eso no hay que caer en el error común de decir: *voy a recitar un verso,* pues lo que se recita es una poesía o conjunto de versos. Un verso sólo puede citarse.

Veamos, por ejemplo, esta poesía, muy breve pero completa de Campoamor, llamada *Dolora:*

Sin el amor que encanta
la soledad del ermitaño espanta.
Pero es más espantosa todavía
la soledad de dos en compañía.

Esta poesía consta de 4 versos y nosotros podemos recitarla completa o citar, por ejemplo, en una conversación o en un texto: "la soledad de dos en compañía", es decir, un verso.

La poesía, por su asunto o por el contexto en que se utiliza, es clasificada como lírica, épica o dramática. De inmediato explicaremos el contenido de esos tres términos, el cual, según veremos, es muy simple.

Se llama poesía lírica a aquella en que expresamos nuestros sentimientos, lloramos nuestras penas o cantamos nuestras alegrías. Es decir que expresamos en ella nuestros estados de ánimo. Y recibe el nombre de lírica porque en la antigua Grecia, esa poesía se recitaba acompañándola con los sones de la lira, instrumento manual de cinco cuerdas.

Veamos como ejemplo de poesía lírica, la de Amado Nervo llamada *Ofertorio:*

Dios mío, yo te ofrezco mi dolor.
Es todo lo que puedo ya ofrecerte...
Tú me diste un amor, un gran amor,
un solo amor... Me lo robó la muerte.
Y no me queda más que mi dolor,
acéptalo, Señor,
es todo cuanto puedo ya ofrecerte.

La poesía épica es aquella por medio de la cual se relatan sucesos. En la antigüedad los relatos preferidos eran los que narraban hazañas guerreras, ya sea en grandes epopeyas o poemas extensos, o en romances más breves. Pero actualmente el término ha perdido su connotación guerrera y se llama épica a toda poesía en la que se desenvuelve una narración.

Veamos como ejemplo un fragmento del antiguo romance en que se describe la apostura fieramente guerrera del Cid Campeador:

Todos cabalgan a mula,
sólo Rodrigo a caballo;
todos visten oro y seda,
Rodrigo va bien armado;
todos espadas ceñidas,
Rodrigo estoque dorado;
todos con sendas varitas,
Rodrigo lanza en la mano;
todos guantes olorosos,
Rodrigo guante mallado;
todos sombreros muy ricos,
Rodrigo casco afilado
y encima del casco lleva
un bonete colorado.

Y como contraste, este breve ejemplo de poesía narrativa actual, el tierno cuadro de José Martí, joyita del amor paternal, que el poeta tituló *Mi caballero:*

Por las mañanas
mi pequeñuelo

me despertaba
con un gran beso.
Puesto a horcajadas
sobre mi pecho,
bridas forjaba
con mis cabellos.
Ebrio él de gozo,
de gozo yo ebrio,
me espoleaba
mi caballero.
¡Qué suave espuela
sus dos pies frescos!
¡Cómo reía
mi pequeñuelo!
¡Y yo besaba
sus pies pequeños,
dos pies que caben
sólo en un beso!

Se conoce como poesía dramática, no la que tiene un contenido trágico o triste, como comúnmente se piensa cuando nos referimos a un hecho "dramático", sino simplemente la que se utiliza para realizar el texto de las obras teatrales en versos. Actualmente es poco común el teatro en versos, pero en los primeros siglos del arte teatral hasta la época del romanticismo, toda obra importante para la escena debía estar escrita en forma versificada. Veamos un ejemplo clásico en este breve fragmento de *La Dama Boba* de Lope de Vega:

Laurencio:	—¿No entendéis que os tengo amor puro, honesto, limpio y llano?
Finea:	—¿Qué es amor?
Laurencio:	—¿Amor? Deseo.
Finea:	—¿De qué?
Laurencio:	—De una cosa hermosa.
Finea:	—¿Es oro, es diamante, es cosa de estas tan lindas que veo?
Laurencio:	—No; es sino de la hermosura de una mujer como vos. que, como lo ordena Dios, para buen fin se procura; y ésta, que vos la tenéis, engendra deseo en mí.
Finea:	—Y yo, ¿qué he de hacer aquí si sé que vos me queréis?
Laurencio:	—Quererme. ¿No habéis oído que amor con amor se paga?
Finea:	—No sé yo cómo se haga porque nunca yo he querido, ni en la cartilla lo vi, ni me lo enseñó mi madre. Le preguntaré a mi padre.
Laurencio:	—¡Esperad, que no es así!

Y dejando a la boba Finea a la que el amor desembobará, pasaremos a nuestra tarea de descubrir cómo se hacen los versos.

CARACTERES DEL VERSO

Se llama versificación a la técnica que se usa para componer versos.

Hemos definido muy simplemente al verso por su forma como "cada uno de los rengloncitos que forman una poesía". Veamos ahora su definición por la condición esencial que lo convierte en música de la palabra: "el verso es una unidad rítmica", es decir que su condición básica es el ritmo.

Tomemos dos versos de la poesía *Sonatina*, de Rubén Darío, leámoslos en voz alta y no dejaremos de percibir el ritmo musical que está anunciado en el título:

La princesa está triste. ¿Qué tendrá la princesa?
Los suspiros se escapan de su boca de fresa.

Además del ritmo, el verso regular posee otros dos caracteres: la rima y el metro. Vamos a analizar cada uno en particular pero antes remarcaremos que dos de esos caracteres son aleatorios, la rima y el metro, y sólo uno es esencial, el ritmo. Si éste falta, el verso es sólo prosa escrita en rengloncitos parejos.

Es como si la poesía fuera un cuerpo en el que el ritmo es la cabeza que crea la musicalidad, la rima el brazo que la remarca con el gesto mientras el metro es el pie que lo sostiene.

El individuo puede sobrevivir sin brazos y sin pies, pero jamás sin cabeza.

EL METRO

Se llama metro a la medida de los versos y éstos se clasifican por el número de sílabas, que en los versos regulares o clásicos es de 2 a 14.

Las sílabas métricas no siempre corresponden a las sílabas gramaticales. Para mostrar luego los ejemplos en que ambas sílabas no se corresponden comencemos con un ejemplo en que ellas coinciden. Dice Francisco Luis Bernárdez:

Cristobita, pobre
muñeco de trapo
del populachero
guiñol de mi barrio.

Cada uno de estos versos consta de 6 sílabas tanto gramaticales como métricas. Separemos en sílabas, por ejemplo, los dos primeros versos:

Cris/to/bi/ta/po/bre = 6 sílabas
mu/ñe/co/de/tra/po/ = 6 sílabas

Veamos ahora los casos en que no coinciden.

Para medir "métricamente" un verso debemos tener en cuenta el acento final y las licencias poéticas.

ACENTO FINAL

Con respecto al acento final, que recae siempre en la penúltima sílaba, debemos tener en cuenta la división de las palabras según su acentuación en agudas, graves y esdrújulas.

a) Si un verso termina en palabra aguda, es decir, acentuada en la última sílaba, se debe agregar una sílaba a su medida ya que, para nuestro oído, el acento parece alargar la sílaba, duplicándola.

Véase por ejemplo esta poesía de versos octosílabos, o sea de 8 sílabas:

Hojas del árbol caídas
juguetes del viento son.
Las ilusiones perdidas
son hojas ¡ay! desprendidas
del árbol del corazón.

En el primer verso, lo mismo que en el tercero y el cuarto, las sílabas gramaticales y las métricas coinciden, por ser *caídas* palabra grave.

Ho/jas/del/ár/bol/ca/í/das = 8 sílabas gramaticales
= 8 sílabas métricas

Las/i/lu/sio/nes/per/di/das = 8 sílabas gramaticales
= 8 sílabas métricas

son/ho/jas/¡ay!/des/pren/di/das = 8 sílabas gramaticales
= 8 sílabas métricas

Pero en el segundo y en el quinto pareciera faltar una sílaba:

ju/gue/tes/del/vien/to/son = 7 sílabas gramaticales
= 8 sílabas métricas

del/ár/bol/del/co/ra/zón = 7 sílabas gramaticales
= 8 sílabas métricas

A pesar de ser monosílabo, se considera *son* palabra aguda, lo mismo que *corazón*. Los monosílabos que se hallan al final de versos se consideran palabra aguda, a pesar de constar sólo de una sílaba.

Como el verso resulta agudo por caer el acento en la última sílaba se debe agregar una a la cuenta y así resultan las 8 necesarias.

Tomando en consideración esta regla del acento final, no puede haber versos de una sílaba aunque lo sean gramaticalmente.

Veamos como ejemplo este burlesco sonetillo compuesto por palabras de 1 sílaba gramatical pero de 2 sílabas métricas y por lo tanto de versos bisílabos:

La
tos
nos
da

a
los
dos
ya

Ve
Paz,
haz

té
con
ron

b) Si un verso termina en palabra esdrújula, es decir, acentuada en la antepenúltima sílaba, debemos restar una sílaba a la cuenta, ya que, para nuestro oído, las dos sílabas finales parecen reducirse a una.

Analicemos esta cuarteta, o estrofa de versos octosílabos de Jorge Guillén, en la que marcaremos con s.g. las sílabas gramaticales y con s.m. las sílabas métricas:

| s.g. = sílaba gramatical |
| s.m. = sílaba métrica |

El soto. La fronda. Límpidos.	s.g. 9	s.m. 8
Son esos huecos aéreos	s.g. 9	s.m. 8
quienes mejor me serenan	s.g. 8	s.m. 8
cuando con ellos acierto.	s.g. 8.	s.m. 8

c) Si el verso termina en palabra grave, es decir acentuada en la penúltima sílaba, no se produce ninguna variación métrica, pues su acento coincide con el acento final obligatorio.

Veamos esta breve poesía de Antonio Machado como ejemplo:

¿Dices que nada se crea?	s.g. 8	s.m. 8
No te importe, con el barro	s.g. 9	s.m. 8
de la tierra, haz una copa	s.g. 9	s.m. 8
para que beba tu hermano.	s.g. 9	s.m. 8

La diferencia entre sílabas gramaticales y métricas de los tres últimos versos se deben a las sinalefas o falsos diptongos que se producen en los sitios señalados con negrita, pero no se añade ni quita ninguna sílaba al final.

LAS LICENCIAS POÉTICAS

Para poder hacer un análisis métrico completo, debemos referirnos a las llamadas licencias poéticas, que son la sinalefa, el hiato, la diéresis y la sinéresis. La sinalefa y su contraria, el hiato, se producen entre dos palabras; la diéresis y su contraria, la sinéresis, dentro de una palabra.

La sinalefa

Se llama sinalefa a la unión que se produce entre las últimas vocales de una palabra y las iniciales de la palabra siguiente tanto para el oído como para la pronunciación. Eso hace que cuando tal unión aparece en los versos, por cada sinalefa se suprima una sílaba.

Veamos ejemplos en los versos de Pablo Neruda:

Puedo escribir los versos más tristes esta noche.	15 s.g.	14 s.m.
Escribir, por ejemplo: "La noche está estrellada	16 s.g.	14 s.m.
y tiritan, azules, los astros, a lo lejos".	14 s.g.	14 s.m.

En el primer verso la sílaba sobrante está compensada por la unión de dos sílabas en una mediante la sinalefa de las vocales *o e*, en *puedo escribir*. En el segundo verso hay dos sinalefas: una en *noche está* y otra en *está estrellada,* de ahí la diferencia de medición. En el tercer verso en cambio, no hay ninguna sinalefa por lo que las sílabas gramaticales y las métricas coinciden.

La sinalefa se produce igualmente aunque la vocal o vocales con que termina una palabra estén separadas por una *h* de la vocal o vocales con que comienza la siguiente. Por ejemplo, leemos en el mismo poema:

> Pensar que no la tengo. Sentir que **la he** perdido.
> 15 s.g   14 s.m.

El número de sílabas se reduce por la sinalefa *a he*, ya que la *h*, por ser muda, no impide la unión.

Y puede haber sinalefas hasta de cinco vocales, como por ejemplo en:

> Del A**sia a Eu**ropa me llev**ó el** destino.
> 14 s.g.   11 s.m.

Vemos que en este verso hay una sinalefa simple en llevó el y una quíntuple en *Asia a Europa*.

La sinalefa es la licencia poética más común y se produce involuntariamente tanto en versos como en prosa.

El hiato

El hiato es la licencia contraria a la sinalefa, es decir que, en lugar de servir para suprimir una sílaba del verso, sirve para añadir una sílaba. El hiato consiste en la pronunciación separada de dos vocales, la de conclusión de una palabra y la inicial de la siguiente, evitando la sinalefa.

Veamos un ejemplo de hiato en los siguientes versos de Antonio Machado:

Es el hospicio, el viejo/**hos**picio provinciano,	15 s.g.	14 s.m.
el caserón ruinoso de ennegrecidas tejas	15 s.g.	14 s.m.
en donde los vencejos anidan en verano	14 s.g.	14 s.m.
y graznan en las noches de invierno las cornejas.	15 s.g.	14 s.m.

Analizando el primer verso, vemos que la sinalefa producida entre *viejo* y *hospicio* quitaría una sílaba del verso y si entre *hospicio* y *el* que hallamos anteriormente se produjera también otra sinalefa, no llegaríamos a las 14 sílabas necesarias para concordar con los tres versos restantes. Por eso se hace voluntariamente una pausa o hiato, señalado con la línea inclinada, que añade una sílaba.

Otro ejemplo de hiato veremos en esta estrofa de José María Gabriel y Galán:

Y mientras gozas del vago	8 s.g.	8 s.m.
rumor de aquel ancho lago	9 s.g.	8 s.m.
de móviles verdes tules,	8 s.g.	8 s.m.
yo una corona te/hago	9 s.g.	8 s.m.
de clavelinas azules.	8 s.g.	8 s.m.

Vemos que en el primero, tercero y quinto verso coinciden las sílabas gramaticales con las métricas, es decir que no hay ninguna licencia poética. Pero en el segundo ya aparece una sinalefa en *de aquel* y, en el cuarto, otra en *yo una*. Pero la disminución en este último verso se ve compensada por el hiato en *te hago,* que añade una sílaba.

La diéresis

La diéresis consiste en destruir un diptongo para añadir al verso alguna sílaba necesaria para su medida.

Recordemos que diptongo es la unión de dos vocales formando una sola sílaba que se forma con una vocal fuerte (*a e o*) y una débil (*i u*) o dos débiles (*i u*): los diptongos, en gramática, no pueden destruirse o dividirse. Pero cuando el acento ortográfico recae en una vocal débil de las que forman el conjunto, no hay diptongo: río, reí, mía. Los diptongos castellanos son 14: ai, au, ei, eu, ia, ie, io, iu, oi, ou, ua, ue, ui, uo.

He aquí un caso de utilización de la diéresis en una poesía de fray Luis de León:

Qué descansada vida	7 s.g	7 s.m.
la del que huye el mundanal rüido	11 s.g.	11 s.m.
y sigue la escondida	9 s.g.	8 s.m.
senda por donde han ido .	9 s.g.	8 s.m.
los pocos sabios que en el mundo han sido.	13 s.g.	11 s.m.

En esta musical combinación de versos de 11 y 7 sílabas se ha utilizado muy sabiamente la diéresis para que el verso produzca una sensación de languidez. No insistiremos en las sinalefas, ya bien conocidas, y analizaremos la diéresis. Si el poeta hubiera escrito: *la del que huye del mundanal ruido,* no hubiera necesitado utilizar la diéresis en *ruido* y las sílabas gramaticales hubieran coincidido con las métricas. Pero prueben a leer la estrofa con las dos modalidades y verán cómo el efecto poético en consonancia con el sentido del texto está sabiamente logrado con el alargamiento producido por la diéresis.

Gustavo Adolfo Bécquer, usando una rara combinación de versos de 10 y 12 sílabas, usa la diéresis con la simple misión de alargar el verso a la medida requerida en el prefacio de sus "Rimas":

Yo quisiera escribirlo, del hombre	11 s.g	10 s.m.
domando el rebelde, mezquino idïoma,	13 s.g.	12 s.m.
con palabras que fuesen a un tiempo	11 s.g.	10 s.m.
suspiros y risas, colores y notas.	12 s.g	12 s.m.

Las 12 sílabas del segundo verso se han logrado por medio de la diéresis en la palabra *idioma.*

La sinéresis

La sinéresis consiste en unir dos vocales fuertes, que no forman diptongo, en una sola sílaba. Es decir, en formar un falso diptongo, lo que disminuye una sílaba del verso.

Veámoslo en esta poesía de Antonio Machado:

Las ascuas de un crepúsculo morado	12 s.g.	11 s.m.
detrás del negro cipresal humean...	11 s.g.	11 s.m.
En la glorieta en sombra está la fuente	13 s.g.	11 s.m.
con su alado y desnudo Amor de piedra,	14 s.g.	11 s.m.
que sueña mudo. En la marmórea taza	13 s.g.	11 s.m.
reposa el agua muerta	8 s.g.	7 s.m.

Hemos omitido marcar las sinalefas, que ya, sin duda, podrán reconocer fácilmente, para indicar sólo con negrita la sinéresis de la palabra marmórea. Esta palabra consta de 4 sílabas: mar-mó-re-a pero la sinéresis o falso diptongo ea las reduce a 3: mar-mó-rea.

Algunos preceptistas sostienen que la sinéresis no es una licencia poética sino un vicio de pronunciación. Quizás entonces a nuestra pronunciación rioplatense se deban las varias sinéresis que aparecen en el texto de nuestro Himno Nacional. Nuestro himno, escrito por Vicente López y Planes, está compuesto, salvo el coro, en versos de 10 sílabas o decasílabos.

Analicemos los dos versos iniciales:

Oid mortales el grito sagrado:	10 s.m. por la sinéresis
¡Libertad! ¡libertad! ¡libertad!...	10 s.m. por la palabra final aguda

He marcado con negrita la palabra *Oid* que debiera ser correctamente *Oíd*. Pero el verso exige la forma inacentuada formando un falso diptongo, ya que el acento en una vocal débil impide la diptongación.

Eso sería en poesía una sinéresis.

Dice en otra estrofa:

De los fieros camp**eo**nes los rostros	10 s.m. por la sinéresis
Marte mismo parece animar...	10 s.m. por final agudo

Por la sinéresis, cam-pe-o-nes se transforma en cam-peo-nes.

Todo el p**ai**s se conturba por gritos	10 s.m. por la sinéresis
De venganza, de muerte y furor...	10 s.m. por sinalefa y acento final

País se ha transformado en *pais* conformando una sinéresis. Pero no está de más recordar que, antiguamente, palabras como país y maíz se pronunciaban en nuestra zona bonaerense con diptongo: *pais* y *maiz*.

RECAPITULACIÓN

Veamos, para resumir los conocimientos anteriores, una rima en endecasílabos de Gustavo Adolfo Bécquer:

Asomaba a sus ojos una lágrima	13 s.g.	11 s.m.
y a mi labio una frase de perdón...	12 s.g.	11 s.m.
Habló el orgullo y se enjugó la lágrima	15 s.g.	11 s.m.
y la frase en mis labios expiró.	11 s.g.	11 s.m.
Hoy voy por un camino, ella por otro,	12 s.g.	11 s.m.
pero, al pensar en nuestro mutuo amor,	12 s.g.	11 s.m.
yo digo aún: ¿Por qué callé aquel día?	13 s.g.	11 s.m.
Y ella dirá: ¿Por qué no lloré yo?	11 s.g.	11 s.m.

Si analizamos la primera cuarteta, en el primer verso hallaremos que las sílabas suprimidas por la métrica corresponden a una sinalefa que une el final de la palabra *asomaba* con la *a* siguiente y la voz esdrújula final, que como aprendimos, se considera bisílaba.

En el segundo verso tenemos una sinalefa en *y a* que suprime una sílaba, mientras la palabra final aguda *perdón* la añade.

En el tercer verso encontramos dos sinalefas: *habló el orgullo* y *se enjugó,* con la consiguiente supresión de dos sílabas y la tercera suprimida corresponde a la palabra final esdrújula *lágrima.*

En el cuarto verso hay una sinalefa: *frase en* y una palabra final aguda que se compensan suprimiendo una y añadiendo la otra una sílaba.

Del mismo modo se puede analizar como ejercicio la segunda estrofa.

Veamos ahora versos en que figuren otras licencias poéticas, además de la sinalefa.

Tomemos un fragmento de *Noche serena* de fray Luis de León en el que marcamos con negrita las sinalefas:

Cuando contempl**o e**l cielo	8 s.g.	7 s.m.
D**e i**nnumerables luces adornado	12 s.g	11 s.m.
y mir**o hacia e**l süelo	8 s.g.	7 s.m.
de noche rodeado,	7 s.g.	7 s.m.
en sueñ**o y e**n olvido sepultado...	12 s.g.	11 s.m.

En el primer verso sólo encontramos una sinalefa de dos vocales, *o e* y en el segundo, la sinalefa *e i;* en el tercero también hay una sinalefa de dos vocales *o a,* pero con la *h* interpuesta, y otra de tres vocales *i a e,* como también de tres vocales es la que hay en el quinto verso *o y e.* Pero en el tercer verso, para lograr la medida necesaria se ha recurrido a la diéresis marcada sobre la *u* de la palabra *suelo*, la que destruye el diptongo *ue* creando una sílaba más.

Veamos un cuarteto tomado del poema *Tabaré* de Juan Zorrilla de San Martín:

Las llamas las rechazan	7 s.g.	7 s.m.
y las detienen en aureola negra,	12 s.g.	11 s.m.
en cuyo seno los añosos árboles	12 s.g.	11 s.m.
cobran formas variables y quiméricas	12 s.g.	12 s.m.

La supresión de una sílaba gramatical se produce, en los versos tercero y cuarto, porque ambos acaban en palabras esdrújulas, pero en el segundo verso se ha hecho una sinéresis o falso diptongo en la palabra *aureola* pronunciando las vocales *e* *o* como si formaran parte de una sola sílaba en lugar de dos. Al silabeo gramatical au-re-o-la lo reemplazamos por el métrico au-reo-la.

CLASIFICACIÓN DE LOS VERSOS SEGÚN SU MEDIDA

Ya han sido dados los elementos necesarios para realizar un análisis métrico completo, por lo que ahora sólo resta recomendar la ejercitación.

Un método práctico de verificar la medida de los versos para versificadores principiantes consiste en contar las sílabas pronunciando las palabras del verso mientras se marca con los dedos de la mano derecha sobre el dorso de la izquierda, cada sílaba que "se escucha". Porque las sílabas métricas son eso: las que el oído percibe. Y por ello se recomienda la lectura asidua de poesías, en voz alta, para adquirir el "oído del verso" que nos indicará si el número de sílabas es el correcto sin necesidad de contarlas.

Ya hemos visto que los versos se miden por la cantidad de sílabas métricas. Veamos ahora cómo se nombran, de acuerdo con ese número de sílabas con los ejemplos correspondientes.

Aunque puede haber versos de 2 sílabas, es decir bisílabos, éstos son inusuales. Hasta los de 3 o trisílabos raramente se usan. Veamos sin embargo un hermoso ejemplo en un sonetillo de Manuel Machado:

Versos trisílabos (3 sílabas)

Frutales
cargados.
Dorados
trigales.

Cristales
ahumados.
Quemados
eriales.

Umbría,
sequía,
solano.

Paleta
completa...
verano.

Versos tetrasílabos (4 sílabas)

Oh qué dulces,
qué serenas
son tus penas,
trovador.

Tobías Garzón

Versos pentasílabos (5 sílabas)

No hay cimiento
ni en el alma
ni en el viento.
Bogadora,
marinera,
a la mar
y sin ribera.

Antonio Machado

Versos hexasílabos (6 sílabas)

Abril florecía
frente a mi ventana.
Entre los jazmines
y las rosas blancas
de un balcón florido
vi a las dos hermanas.

Antonio Machado

Versos heptasílabos (7 sílabas)

¡Pobre barquilla mía,
entre peñascos rota,
sin velas desvelada,
y entre las olas sola!

Lope de Vega

Versos octosílabos (8 sílabas)

¿Qué es la vida? Un frenesí.
¿Qué es la vida? Una ilusión,
una sombra, una ficción,
y el mayor bien es pequeño,
que toda la vida es sueño
y los sueños, sueños son.

Calderón de la Barca

Versos eneasílabos (9 sílabas)

Allá en el parque de los ciervos
De grandes árboles sonoros,
brillaba un alba entre tus labios
y un sol poniente entre tus ojos.

José Juan Tablada

Versos decasílabos (10 sílabas)

Sobre la arena grabó mi nombre
y leve viento lo arrebató;
quedó la playa serena y fría
de negra noche bajo el crespón.

Adolfo Gómez

Versos endecasílabos (11 sílabas)

Yo soy aquel que ayer nomás decía
el verso azul y la canción profana
y en cuya noche un ruiseñor había
que era alondra de luz por la mañana.

Rubén Darío

Versos dodecasílabos (12 sílabas)

El metro de doce son cuatro corceles.
son cuatro corceles de rítmica tropa,
son cuatro corceles gallardos, potentes...
El metro de doce galopa, galopa.

José Santos Chocano

Versos de trece sílabas

En incendio la esfera zafírea que surcas,
ya convierte tu lumbre radiante y fecunda,
y aun la pena que el alma destroza profunda
se suspende mirando tu marcha triunfal.

Gertrudis Gómez de Avellaneda

Versos alejandrinos (14 sílabas)

Mi voluntad se ha muerto una noche de luna
en que era muy hermoso no pensar ni querer...
De cuando en cuando un beso sin ilusión ninguna.
¡El beso generoso que no he de devolver!

Manuel Machado

El verso de catorce sílabas recibe el nombre de alejandrino porque se usó por primera vez en un cantar de gesta sobre las hazañas de Alejandro Magno, llamado el *Poema de Alejandro* o de *Alexandre*.

Algunos poetas contemporáneos han hecho versos de mayor número de sílabas, pero se trata de construcciones personales y pocas han salido airosas. Un verso largo excelente, nada menos que de 22 sílabas, fue el creado por el gran poeta Francisco Luis Bernárdez, pero sólo ha perdurado en sus composiciones. En realidad se basa en un estricto y musical ritmo. Veamos algunos versos de su poesía *La bandera:*

Éste es el sol y éste es el cielo que en la bandera victoriosa
                                                                                    nos hermanan.
Éste es el sol que une los cuerpos y éste es el cielo cuyo amor
                                                                                    une las almas.
Ambos están sobre nosotros para mostrarnos el camino
                                                                                    que no engaña
y levantarnos de la tierra con la energía de las cosas sobrehumanas.

Se pueden realizar combinaciones de versos de distintas medidas, alguna tan musical como la de versos heptasílabos y pentasílabos u otra tan armoniosa como la de endecasílabos con pentasílabos y aun combinaciones de varios metros en una composición cuya base sea el ritmo adecuado a la situación evocada.

Veamos algunos ejemplos:

Heptasílabos y pentasílabos

Las lágrimas que vierto
no tienen sal;
lloran mis ojos sangre,
no tengo más.

Rafael Jijena Sánchez

Octosílabos y tetrasílabos

Recuerde el alma adormida,
avive el seso y despierte,
contemplando
cómo se pasa la vida,
cómo se viene la muerte
tan callando...

Jorge Manrique

Endecasílabos y heptasílabos

¿Adónde te escondiste,
amado, y me dejaste con gemido?
Como el ciervo huiste
habiéndome herido;
salí tras ti clamando y eras ido.

San Juan de la Cruz

Decasílabos y hexasílabos

En mi quinta hay cien árboles bellos:
ciruelos redondos,
limoneros rectos
y naranjos de brotes lustrosos.
En la primavera
todos ellos se cubren de flores
en torno a la higuera.

Juana de Ibarbourou

Heptasílabos y alejandrinos

Tres veces dijo Vida
para hacer las canciones que se escuchan al alba
Amor, Amor, Amor,
y el pájaro más lindo salió de la campana.

José Sebastián Tallon

Eneasílabos, endecasílabos y heptasílabos

Dila en secreto y con amor,
cuando la encuentres, tu palabra,
y verás que algún día un pajarito
cantará en tu ventana.

José Sebastián Tallon

Combinaciones libres

Cuando nací,
pobreza,
me seguiste,
me mirabas
a través
de las tablas podridas
por el profundo invierno.

Pablo Neruda

Una noche,
una noche toda llena de murmullos, de perfumes y de música de
                                                            alas,
una noche
en que ardían en la sombra nupcial y húmeda las luciérnagas
                                                            fantásticas.
a mi lado,
lentamente,
contra mí ceñida toda, muda y pálida,
como si un presentimiento de amarguras infinitas
hasta el más secreto fondo de las fibras te agitara,
por la senda florecida que atraviesa la llanura,
caminabas;
y la luna llena
por los cielos azulosos, infinitos y profundos esparcía su luz blanca...

José Asunción Silva

Aquí riman, con rima consonante, el primer verso con el tercero y el cuarto y el segundo con el quinto.

Cuando, a partir de la última vocal acentuada, sólo son iguales las vocales, se dice que la rima es asonante o imperfecta. He aquí un fragmento de la poesía *Castilla*, de Manuel Machado:

El ciego sol se estrella	x
en las duras aristas de las armas,	a
llaga de luz los petos y espaldares	x
y flamea en las puntas de las lanzas	a
El ciego sol, la sed y la fatiga.	x
Por la terrible estepa castellana,	a
al destierro, con doce de los suyos,	x
-polvo, sudor y hierro- el Cid cabalga	a

Marcamos con una *x* los versos libres o sin rima y con una letra minúscula los que tienen la misma rima asonante, en este caso en *a a.* Si analizamos las palabras *armas, lanzas, castellana, cabalga,* vemos que, a partir de la última vocal acentuada, las vocales son iguales aunque las consonantes sean distintas.

Veamos ahora el fragmento de una rima de Gustavo Adolfo Bécquer:

Volverán las oscuras golondrinas	x
en tu balcón sus nidos a colgar,	a
y otra vez con el ala a sus cristales	x

jugando llamarán.	a
Pero aquéllas que el vuelo refrenaban	x
tu hermosura y mi dicha a contemplar,	a
aquéllas que aprendieron nuestros nombres...,	x
ésas... ¡no volverán!	a

En esta poesía se repiten las rimas asonantes en los versos pares, pero aquí la asonancia es en *a*.

La asonancia en los versos pares (2, 4, 6, 8, etc.) es el tipo de rima característica de los romances y de la mayoría de las coplas.

He aquí otro ejemplo de rima asonante en el siguiente fragmento de un romance de José Zorrilla:

Entre pardos nubarrones	x
pasando la blanca luna,	a
con resplandor fugitivo	x
la baja tierra no alumbra.	a
La brisa con frescas alas	x
juguetona no murmura	a
y las veletas no giran	x
entre la cruz y la cúpula.	a

En este caso la asonancia de las sílabas pares es en *u a*. En el caso de la palabra *cúpula*, por ser esdrújula, es como si perdiera la sílaba penúltima y las que riman en *u a* son la antepenúltima y la última.

Para poner otros ejemplos: *pérdida* rima en asonancia con *vela; cándido* con *santo; vínculo* con *hilo.*

Los versos que carecen de rima son disonantes y reciben el nombre de libres, sueltos o blancos. Los han adoptado algunos poetas contemporáneos. Por ejemplo, se expresa así Fernán Silva Valdés en su poema *América:*

América no es sólo un poncho de colores,
ni un indio, ni un cacharro,
ni un gaucho, ni un rodeo;
la América de ahora
la del tiempo presente,
la del tiempo futuro,
es todo eso, cierto, pero eso es la mitad,
la otra mitad es el gringo;
el gringo:
palabra chica que encierra un hecho enorme.
América:
taller donde se está plasmando
con modelos indígenas y criollos y gringos,
la nueva flor racial para el pecho del mundo.

Como notamos al recitar este poema, parece más una prosa poética que una poesía. Pero notemos también la adecuación de cada uno de los versos al ritmo del discurso.

EL RITMO

El ritmo de los versos está marcado por la acentuación, es decir, por la intensificación del sonido en puntos determinados del renglón poético. Esto imprime al verso cierta cadencia grata al oído que constituye el ritmo.

El acento rítmico, es decir el que marca la sílaba del verso que se pronuncia con mayor acentuación, es independiente de los acentos gramaticales que marcan a otras palabras.

Para hacerla notar, marcaremos la sílaba que lleva acento rítmico con negrita.

Veamos este ejemplo:

Sobre la a**re**na grabó mi **nom**bre
y leve **vien**to lo arreba**tó**
quedó la a**re**na serena y **frí**a
de negra **no**che bajo el cres**pón**.

Se notará que no se toma en cuenta el acento prosódico o sin tilde de las palabras *sobre, leve, serena, negra* y *bajo,* ni el acento ortográfico o con tilde de *grabó.*

En versos más breves el ritmo está generalmente marcado sólo en el acento de la sílaba final que, de acuerdo con nuestras nociones de métrica debemos considerar penúltima, por lo que los versos del romancillo de Góngora que nos servirá de ejemplo son de 6 sílabas o hexasílabos.

Pues que se me **dio**
en tan tierna e**dad**,
tan corto el pla**cer**,
tan largo el pe**nar**...
dejadme llo**rar**
a orillas del **mar**.

Otro ejemplo de hexasílabos, esta vez terminados en palabra grave, lo tenemos en esta *Serranilla* del marqués de Santillana:

Moza tan her**mo**sa
no vi en la fron**te**ra
como una va**que**ra
de la Fino**jo**sa.

Independientemente del acento propio de cada palabra, hay en el verso en nuestra lengua un acento necesario, infaltable, en la penúltima sílaba. Veamos en este fragmento de romance anónimo, en versos de 8 sílabas u octosílabos, el acento necesario en la séptima:

Así entraba por el **co**ro
reluciente como el **sol**.
Las damas mueren de en**vi**dia
y los galanes de a**mor**...

Para marcar esa penúltima sílaba recordamos las nociones de medida de los versos: si un verso termina en palabra aguda se debe contar una sílaba más; si termina en palabra esdrújula se debe descontar una sílaba; y sólo permanece sin variar la medida del verso cuando esa última palabra es grave. Y para el recuento de las sílabas, no olvidemos tener en cuenta las licencias poéticas, sobre todo la más común, es decir la sinalefa, por la cual se unen en una sílaba las vocales finales de una palabra con las iniciales de la siguiente.

En versos de mayor medida que el hexasílabo y el heptasílabo, además del acento necesario de la penúltima sílaba, hay otros acentos interiores.

Vamos a marcar esos acentos en unos versos de 10 sílabas o decasílabos, de Vicente López y Planes:

El va**lien**te argen**ti**no a las **ar**mas
corre ar**dien**do con **brío** y va**lor**.
El cla**rín** de la **gue**rra, cual **true**no,
en los **cam**pos del **Sud** re**só**.

Estos versos están acentuados rítmicamente en las sílabas 3, 6 y 9.

También tienen triple acentuación rítmica estos versos de 11 sílabas o endecasílabos, de Francisco Villaespesa, en este caso marcada en las sílabas 4, 6 y 10:

¿Somos no**so**tros **mis**mos o son **o**tros
los que nos **mi**ran **des**de los espejos?

Un ejemplo de doble acentuación rítmica en versos dodeca-
sílabos, es decir, de 12 sílabas, lo tenemos en estos versos de
Francisco de Icaza:

En la **jau**la dorada de nuestra **vi**da,
Que**da**remos a solas con nuestras **pe**nas.

Como podremos comprobar, al recitarlos los acentuamos en
las sílabas 3 y 11.

Y en el verso clásico más largo, alejandrino o verso de 14 sílabas, veamos un ejemplo de acentuación en las sílabas 1, 4,
7 y 13, en esta estrofa de Gertrudis Gómez de Avellaneda:

Viste los **cam**pos de **flo**res gentil primavera,
doran las **mie**ses los **be**sos del cielo esti**val**,
pámpanos **or**nen de otoño la faz placen**te**ra,
lance el in**vier**no bru**mo**so su aliento gla**cial**.

Algunos poetas contemporáneos, como Francisco Luis Bernárdez, han escrito bellas poesías con versos de mayor extensión
aún, basándolos sobre todo en la secuencia rítmica. Veamos éstos de 22 sílabas de su conocida poesía *Estar enamorado:*

Estar ena**mo**rado, **a**migos, es encon**trar** el nombre **jus**to de la **vi**da.
Es dar al **fin** con la pa**la**bra que para ha**cer** frente a la **muer**te se
precisa.

En el verso inicial el ritmo, marcado por un acento cada 4 sílabas, se quiebra para acentuar la palabra clave, *enamorado*, o la que indica los destinatarios del mensaje, *amigos*.

No se insistirá con muchos ejemplos más de acentuación rítmica pues ésta puede ser muy variable, pero se aconseja ejercitarse en escuchar el ritmo de versos de distintas medidas y cadencias.

Recordemos que para captar el ritmo, tanto como para marcarlo correctamente en nuestros propios versos, debemos educar nuestro oído como lo hacen los músicos que oyen o interpretan mucha música para afinarlo, es decir escuchando o escuchándonos leer buena poesía. Entonces lograr un buen ritmo no nos parecerá difícil pues surgirá espontáneamente con nuestro pensamiento.

LAS ESTROFAS

Muchas poesías se dividen en conjuntos simétricos de versos o, según la definición clásica, en un conjunto armónico de versos.

Las estrofas pueden estar constituidas por cualquier número de versos, según lo disponga el poeta, pero hay una serie de estrofas que son tradicionales y tienen un nombre propio.

Pasaremos revista a las principales estrofas de versos iguales y a algunas de versos desiguales.

ESTROFAS DE VERSOS IGUALES

La de menor número de versos es el pareado, que consta de 2 versos:

Pareado (2 versos)

Y la sencilla araña que junto al piano   A
teje a ocho agujas su ñanduty liviano.   A

Leopoldo Lugones

Se suele usar, sobre todo, en la moraleja de la fábula:

Aparta tu amistad de la persona   A
que si te ve en peligro te abandona.   A

Juan Ignasio Hartzenbusch

Pero puede utilizarse en composiciones extensas:

Sauce: en verdad te digo que me das compasión	A
Como si fuera un nido se te ve el corazón.	A
Tu pecho, verde y claro, no puede guardar nada,	B
te penetra hasta el fondo la primera mirada.	B
Y cuando llega el sol ¡oh sauce! a iluminarte	C
te atraviesa como un puñal de parte a parte.	C
Aprende, sauce, de ese ciprés fúnebre y mudo.	D
mudo como un secreto y prieto como un nudo.	D

Baldomero Fernández Moreno

Veamos una composición separada en estrofas de dos versos, pero que sin embargo no constituyen pareados, pues no riman a pares.

Toda la composición tiene asonancia en *a a* en los versos pares. Se trata de *Vacaciones*, de José Sebastián Tallon:

La playa al sol. Se derraman	x
todas de blanco, las olas.	a
¡La playa rubia, la playa,	x
se está vistiendo de novia!	a

El sol, el calor, el agua,   x
la soledad rumorosa.   a

¡Y los niños! En la orilla   x
sus montoncitos de ropa.   a

José Sebastián Tallon

Cuando el pareado encierra una sentencia en sus dos versos, se llama dístico y se utiliza sobre todo en los epitafios, como éste, anónimo y de carácter humorístico:

Aquí descansa un prohombre   A
que se olvidó de ser hombre.   A

Las estrofas que analizaremos a continuación se dividen tradicionalmente según sus versos sean de arte menor, es decir de 2 a 9 sílabas, o de arte mayor, de 10 a 14 sílabas.

La estrofa de 3 versos recibe el nombre de terceto si es de arte mayor y tercerilla si es de arte menor.

Terceto (3 versos de arte mayor)

Llegaban los ecos de vagos cantares   A
y se despedían de sus azahares   A
miles de purezas en los bulevares.   A

Rubén Darío

Tercerilla (3 versos de arte menor)

Si yo quisiera matar	A
a mi mayor enemigo,	X
me habría de suicidar.	A

Joaquín Bartrina

Cuando se escribe una poesía más o menos extensa en tercetos, se hace rimar el primer verso con el tercero y el segundo, que quedaría suelto, rima con el primero y el tercero del terceto siguiente. El verso que quedaría suelto al final se recoge en la última estrofa, que es un cuarteto o estrofa de 4 versos. Veámoslo en esta composición de Amado Nervo, *A Libio*:

Libio, yo estoy prendado de tal modo	A
de la naturaleza peregrina,	B
que ansiando en mi amor loarlo todo	A
le grito ¡bis! al ruiseñor que trina,	B
¡olé! a la onda que cuajó en espuma,	C
y ¡hurra! al sol que calienta y que ilumina.	B
¡Gracias! digo al clavel que me perfuma	C
o al lirio que brotó bajo mi planta	D
y ¡bravo! a la oropéndola que empluma.	C
Una estrellita azul, que se levanta	D
en mi alma, a raudales su luz vierte,	E

y a su influjo en mi vida todo canta,　　　　　D
y en éxtasis camino hacia la muerte.　　　　　E

Cuarteto (4 versos de arte mayor)

Las rimas de los cuartetos pueden combinarse de distintas maneras, como se puede observar en los ejemplos:

Saltó la alegre lluvia por taludes y cauces:　　　A
descolgó del tejado sonoro caracol;　　　　　　B
y luego, allá a lo lejos, se desnudó en los sauces　A
transparente y dorada bajo un rayo de sol.　　　　B

Leopoldo Lugones

Éstas que fueron pompa y alegría　　　　　　A
despertando al albor de la mañana　　　　　　B
a la tarde serán lástima vana　　　　　　　B
durmiendo en brazos de la noche fría.　　　　A

Calderón de la Barca

Dejé la luz a un lado y en el borde　　　　　x
de la revuelta cama me senté,　　　　　　a
mudo, sombrío, la pupila inmóvil　　　　　x
clavada en la pared.　　　　　　　　a

Gustavo Adolfo Bécquer

La primera composición castellana en versos fue escrita en unos cuartetos con versos de catorce sílabas, en que los cuatro versos llevaban la misma rima. Se llamaba la cuaderna vía.

Utilizada para una evocación, en el momento actual, puede ser imitada así:

Una noche muy bella, hará unos dos mil años,	A
en el cielo se vieron destellos muy extraños	A
y en Belén de Judea, como en sus aledaños,	A
inquietos, los pastores, juntaron sus rebaños.	A

Elsa Felder

Cuarteta (4 versos de arte menor)

También las cuartetas pueden llevar cualquier combinación de rimas.

Otros ríos, hermosos,	x
tienen varios colores;	a
tú, Río de la Plata,	x
tienes el horizonte.	a
Tú, mar de aguas oscuras,	x
ancha pampa de cobre,	a
le das la lejanía	x
al ensueño del hombre.	a

Álvaro Yunque

Las cuartetas octosilábicas en las que riman con rima consonante el primer verso con el cuarto y el segundo con el tercero se llaman redondillas.

Como ejemplo tenemos estas conocidas estrofas de sor Juana Inés de la Cruz:

¿Cuál mayor parte ha tenido	A
en una pasión errada,	B
la que cae de rogada	B
o el que ruega de caído?	A
¿O cuál es más de culpar,	C
aunque cualquiera mal haga,	D
la que peca por la paga	D
o el que paga por pecar?	C

Las cuartetas octosilábicas constituyen la forma casi obligatoria de la copla popular y también es el metro del romance en el que se relataban las hazañas guerreras y suelen narrarse las consejas populares. Recordemos que el octosílabo es el verso más sencillo y natural, por lo cual, cuando escribimos en prosa o aun cuando hablamos, muchas veces estamos formando octosílabos. Veamos, como ejemplo esta sencilla y común oración constituida por tres términos octosilábicos:

Caminamos por la costa / para gozar la frescura / de esta tarde
veraniega.

Y, ahora, unas coplas populares:

Si quieres que yo te quiera	x
tres cosas has de tener:	A
lindos ojos, linda boca,	x
lindo modo de querer.	A

Te quiero más que a mis ojos,	x
más que a mis ojos te quiero	a
y sólo quiero a mis ojos	x
porque con ellos te veo.	a

También hay coplas en cuartetas de otros metros menores, como por ejemplo ésta de heptasílabos y pentasílabos:

Quisiera ser arito	x
de tus orejas	A
para manifestarte	x
todas mis quejas.	A

O esta otra en pentasílabos:

Dulce negrito,	A
ojos de fuego,	B
dame un besito	A
yo te lo ruego.	B

Quinteto (5 versos de arte mayor)

Las rimas de los quintetos pueden combinarse de distintos modos. El más común es:

Un año más en el hogar paterno	A
celebramos la fiesta de Dios Niño,	B
símbolo augusto del amor eterno,	A
cuando cubre los montes el invierno	A
con su manto blanquísimo de armiño.	B

Vicente Querol

Dejamos la estación y a pie cruzamos	A
por las calles del pueblo, que aún dormía	B
bajo la paz con que despierta el día.	B
Cuando a la puerta del hogar llegamos	A
el sol, rojo de luz, aparecía.	B

Juan Ortiz de Pinedo

Un tipo muy raro de quinteto, a causa de su rima, es el que nos presenta Carlos Fernández Shaw en `La tormenta`:

El pueblo, y el monte, y el amplio contorno	A
se rinden postrados. Aplasta el bochorno.	A
Las tierras abrasan lo mismo que un horno.	A
Difusa calina, difusa y confusa,	X
recubre los picos, los puertos, en torno.	A

Fray Luis de León usa una estrofa que está entre quinteto y quintilla, puesto que es una combinación de 5 versos endecasílabos y heptasílabos:

Vivir quiero conmigo,	A
gozar quiero del bien que debo al cielo,	B
a solas, sin testigo,	A
libre de amor, de celo,	B
de odio, de esperanza, de recelo.	A

Quintilla (5 versos de arte menor)

Sobre un caballo alazano,	A
cubierto de galas y oro,	B
demanda licencia, urbano	A
para alancear un toro.	B
un caballero cristiano.	A

Nicolás Fernández de Moratín

Llora, llora, urutaú,	A
en las ramas del yatay	B
ya no existe el Paraguay	B
donde nací como tú,	A
llora, llora, urutaú.	A

Carlos Guido Spano

Sexteto (6 versos de arte mayor)

Cuando del negro guante la mano hechicera	A
de una mujer se escapa, nerviosa y ligera,	A
y mueve el abanico con ritmo febril,	B
al agitarse entonces, tan tersa, tan pálida,	C
semeja mariposa que de la crisálida	C
la albura de sus alas despliega gentil.	B

Alfredo Gómez Jaime

¿Dónde la verde quiebra de la altura	A
con rebaños y músicos pastores?	B
¿Dónde gozar de la visión tan pura	A
que hace hermanas las almas y las flores?	B
¿Dónde cavar en paz la sepultura	A
y hacer místico pan con mis dolores?	B

Ramón de Valle Inclán

Sextina (6 versos de arte menor)

Alma triste y taciturna	A
que no supiste de amor	B
y guardaste odio y rencor	B
como reliquias en urna:	A
Yo comprendo tu dolor,	B
alma triste y taciturna.	A

Francisco de Icaza

En el castillo, fresca, linda,	A
la marquesita Rosalinda	A
mientras la blanda brisa vuela	B
con su pequeña mano blanca	C
una pavana grave arranca	C
del clavicordio de la abuela.	B

Rubén Darío

El *Martín Fierro*, de José Hernández, está escrito en sextinas, llamadas, entre nosotros, de payada.

Los hermanos sean unidos	X
porque ésa es la ley primera;.	A
tengan unión verdadera	A
en cualquier tiempo que sea,	B
porque si entre ellos pelean	B
los devoran los de afuera.	A

Septina (estrofa de 7 versos)

Fue musicalmente empleada por San Juan de la Cruz:

¡Ay! ¡Qué larga es esta vida!	A
¡Qué duros estos destierros,	B
esta cárcel y estos hierros,	B
en que el alma está metida!	A
Sólo esperar la salida	A

Me causa dolor tan fiero	C
Que muero porque no muero.	C

Es una estrofa poco utilizada y diremos que rara en la literatura actual.

Rúbricas de sombra echadas	A
debajo de tus miradas	A
por el Amor, tus ojeras,	B
son refugios de quimeras	B
y profundas hondonadas	C
en donde están condensadas	C
las sombras más traicioneras...	B

Emilio Frugoni

Pero una forma exitosa de septina es la que se utiliza en la copla conocida como seguidilla, estrofa ligera y musical.

Allí, de las capillas	A
junto a las rejas	B
hay nubes de sollozos,	X
preces y quejas,	B
¡preces sencillas	A
que lloran en los hierros	X
de las capillas!	A

Carlos Roxlo

Alrededor los frescos	x
cañaverales	a
sombra dan a los muros,	x
música al aire;	a
y allí en las noches	b
suspiran escondidos	x
los ruiseñores.	b

Alonso Fernández Grilo

Octava (8 versos de arte mayor)

La octava, en su forma tradicional, consta de 8 versos dode-casílabos o endecasílabos que riman con rima consonante. Veamos la combinación que corresponde a la llamada octava real en una composición clásica:

¿Veis el furor del animoso viento,	A
embravecido en la fragosa sierra,	B
que los antiguos robles ciento a ciento,	A
y los pinos altísimos atierra,	B
y de tanto destrozo aún no contento	A
al espantoso mar mueve la guerra?	B
Pequeña es esta furia comparada	C
con la de Filis contra Alcira airada.	C

Garcilaso de la Vega

Y la misma en una poesía romántica:

¿Quién pensara jamás, Teresa mía,	A
que fuera eterno manantial de llanto	B
tanto inocente amor, tanta alegría,	A
tantas delicias y delirio tanto?	B
¿Quién pensara jamás llegase un día	A
en que perdido el celestial encanto	B
y caída la venda de los ojos	C
cuanto diera placer, causara enojos?	C

José de Espronceda

En cambio, en la octava italiana, el primer y quinto verso quedan libres:

Así, bajo las moles que cruzaban	X
continuamente la región del viento	A
abandonando con placer su asiento	A
y cambiando a su antojo de país,	B
se hundían con estruendo las ciudades	X
convertidas en polvo y sofocadas	C
por el eterno errar de las aladas	C
emigradoras de ropaje gris.	B

Carlos Roxlo

Octavilla (8 versos de arte menor)

La forma de octavilla que ha alcanzado más éxito es la rimada a la manera de la octava italiana:

En los verdes tamarindos	X
se requiebran las palomas,	A
y en el nardo los aromas	A
a beber las brisas van.	B
¿Tu corazón, por ventura,	X
esa sed de amor no siente,	C
que así se muestra inclemente	C
a mi dulce y tierno afán?	B

Ignacio Altamirano

Décima (estrofa de 10 versos octosílabos)

Famosa es la décima que escribiera fray Luis de León al salir de la prisión inquisitorial:

Aquí la envidia y mentira	A
me tuvieron encerrado.	B
¡Dichoso el humilde estado	B
del sabio que se retira	A
de aqueste mundo malvado!	B
Y con pobre mesa y casa	C
en el campo deleitoso	D

con sólo Dios se acompasa,	C
y a solas su vida pasa	C
ni envidiado, ni envidioso.	D

La usó así el poeta americano Rubén Darío, dedicándola al poeta español Ramón de Campoamor:

Éste del cabello cano	A
como la piel del armiño,	B
juntó su candor de niño	B
con su experiencia de anciano.	A
Cuando se tiene en la mano	A
un libro de tal varón,	C
abeja es cada expresión	C
que, volando del papel,	D
deja en los labios la miel	D
y pica en el corazón.	C

La décima fue, en nuestro país, estrofa favorita de payadores y poetas gauchescos o de los que versificaban temas de nuestra pampa. Veamos una décima de Rafael Obligado, *Al Pampero*:

Hijo audaz de la llanura	A
y guardián de nuestro suelo	B
que arrebatas en tu vuelo	B
cuanto empaña su hermosura,	A
ven y vierte tu frescura	A
de mi patria en el ambiente,	C

ven, y enérgico y valiente	C
bate el polvo en mi camino	D
¡que hasta soy más argentino	D
cuando me besas la frente!	C

La eneagésima o estrofa de 9 versos, la undécima o de 11 versos y la duodécima, de 12, son formas que pertenecen al pasado y que en la actualidad han caído en total desuso.

ESTROFAS DE VERSOS DESIGUALES

La seguidilla

Ya nos hemos referido a la seguidilla, de la que pondremos aquí otro ejemplo:

Amoroso suspiro,	A	7 s.m.
vuela a mi bella,	c	5 s.m.
vuela tan silencioso	X	7 s.m.
que no te sienta;	b	5 s.m.
y si te siente	c	5 s.m.
dile que eres suspiro	A	7 s.m.
no de quién eres.	c	5 s.m.

Alberto Lista

Coplas de pie quebrado

Entre las estrofas de versos desiguales, son famosas las llamadas coplas de pie quebrado utilizadas con maestría por Jorge Manrique en sus *Coplas a la memoria de su padre*:

Este mundo es el camino	A	8 s.m.
para el otro, que es morada	B	8 s.m.
sin pesar;	C	4 s.m.
mas cumple tener buen tino	A	8 s.m.
para andar esta jornada	B	8 s.m.
sin errar.	C	4 s.m.
Partimos cuando nacemos,	D	8 s.m.
andamos mientras vivimos	E	8 s.m.
y llegamos	F	4 s.m.
al tiempo que fenecemos;	D	8 s.m.
así que cuando morimos,	E	8 s.m.
descansamos.	F	4 s.m.

El verso de 4 sílabas es el llamado pie quebrado.

La lira

Se llama lira una estrofa muy musical y muy usada por los poetas clásicos. Consta de cinco versos, el primero, tercero y cuarto heptasílabos y el segundo y quinto endecasílabos.

Riman con rima consonante el primer verso con el tercero y el segundo con el cuarto y quinto.

Aún siento de sus labios	A	7 s.m.
en los míos la ardiente quemadura;	B	11 s.m.
que, inocentes y sabios,	A	7 s.m.
con su viva dulzura	B	7 s.m.
semilla me dejaron de locura.	B	11 s.m.

El nombre de lira proviene del primer verso de la primera estrofa de *La flor de Gnido*, de Garcilaso de la Vega:

Si de mi baja lira	A	7 s.m.
tanto pudiera el son que, en un momento,	B	11 s.m.
aplacase la ira	A	7 s.m.
del animoso viento	B	7 s.m.
y la furia del mar y el movimiento.	B	11 s.m.

Puede haber liras de cuatro versos, como ésta de Eduardo Marquina:

Los rebaños de gracia de la vida	A	11 s.m.
de noche se aposentan	B	7 s.m.
bajo su techo y yo, casi dormida	A	11 s.m.
los oigo cómo alientan.	B	7 s.m.

La estancia

Es una estrofa integrada por un número variable de versos endecasílabos y heptasílabos, distribuidos y rimados según el gusto del poeta, pero compuesta la primera estancia de la poesía, las siguientes deben seguir el mismo esquema.

Cuando vibra en tu piano	A	7 s.m.
ese nocturno de dolientes quejas	B	11 s.m.
como un eco lejano,	A	7 s.m.
me parece que olvidas mi cariño	C	11 s.m.
que te vas y me dejas,	B	7 s.m.
y te llevas oculto en el corpiño	C	11 s.m.
el ramo de azahares,	D	7 s.m.
el bucle de tus límpidas guedejas,	B	11 s.m.
y aquellas tristes cartas,	E	7 s.m.
en que yo te contaba mis pesares.	D	11 s.m.
¿Por qué de mí te apartas?	E	7 s.m.
te digo sollozando enternecido,	F	11 s.m.
y a tu boca entreabierta	G	7 s.m.
miro asomarse la palabra incierta	G	11 s.m.
que me tortura el corazón: ¡olvido!	F	11 s.m.

FORMAS POÉTICAS FIJAS

El romance

Es el romance una de las formas poéticas fijas más antiguas y que aún hoy se sigue cultivando en gran escala.

El romance consiste en una serie indefinida de versos octosílabos, los pares rimados con rima asonante y los impares libres.

Veamos un romance anónimo del siglo XVI:

Que por mayo era, por mayo,	x
cuando hace la calor,	a
cuando los trigos encañan	x
y están los campos en flor;	a
cuando canta la calandria	x
y responde el ruiseñor;	a
cuando los enamorados	x
van a servir al amor,	a
sino yo, triste, cuitado,	x
que vivo en esta prisión,	a
que ni sé cuándo es de día,	x
ni cuándo las noches son	a
sino por una avecilla	x
que me cantaba al albor.	a
Me la mató un ballestero;	x
Dios le dé mal galardón.	a

Notarán que en algunos versos la rima es consonante , pero eso suele darse cuando los versos son agudos, por carencia de muchas terminaciones en distinta consonante.

Uno de nuestros poetas, Arturo Capdevila, ha narrado en graciosos romances, cuya lectura recomendamos, muchísimos pasajes de la historia argentina y presentado sus personajes más destacados.

Veamos un fragmento del *Romance de las bodas de Remeditos*.

Remeditos, Remeditos,	x
¡cómo le sienta de bien	a
al capullo de la rosa	x
la vecindad del laurel!	a
...Remeditos, ojos negros;	x
toda de buen parecer.	a
caballero misterioso	x
y señor mundano él.	a
Sabe contar de batallas	x
y de amoríos también:	a
que tenía sus Madriles	x
como tuvo su Bailén.	a
Parla de lejanas tierras	x
y habla, si quiere, en francés:	a
que este San Martín es hombre	x
de los que valen a fe.	a

Mucho menos común es el llamado romance endecasílabo o heroico, nombre este último que le fue dado porque antiguamente se lo utilizaba para relatar hechos hazañosos. Veamos un ejemplo moderno en *Remember* de Manuel Machado:

La tarde, amada de las selvas, viene	x
a refrescar las copas del naranjo	a
cargadas de azahar... El sol se oculta	x
tras de las altas cumbres, desmayado...	a
El toque de oración lento se eleva,	x
besa la tierra el viento suspirando,	a
y deja las espumas de la playa	x
sobre los lirios del agreste prado.	a

La letrilla

Consiste en octavillas, es decir, 8 versos de arte menor, los impares libres y los pares con rima consonante o asonante. Pero cada octavilla concluye con un estribillo.

La aurora pura	X
que en el oriente	A
flores y perlas	X
muestra en su frente,	A
esparce rosas	X
mas no enajena	B
como los ojos	X
de mi morena.	B

No luce Apolo	X
en su brillante	C
fúlgido carro	X
de oro y diamante,	C
ni con sus rayos	X
el mundo llena	D
como los ojos	X
de mi morena.	D

El soneto

El soneto, forma lírica italiana como su nombre lo indica, fue trasplantado al castellano por obra de los poetas Boscán y Garcilaso. Esta forma no sólo ha tenido grandes cultores en el Siglo de Oro español, sino que ha perdurado y sigue triunfando hasta nuestros días.

Es famoso el soneto de Lope de Vega que versifica la receta para hacer un soneto.

Un soneto me manda hacer Violante	A
y en mi vida me he visto en tal aprieto.	B
Catorce versos dicen que es soneto.	B
Burla burlando, van los tres delante.	A
Yo pensé que no hallara consonante	A
y estoy en la mitad de otro cuarteto;	B
mas si me veo en el primer terceto	B
no hay cosa en los cuartetos que me espante.	A

Por el primer terceto voy entrando	C
y aun parece que entré con pie derecho	D
pues fin con este verso le voy dando.	C
Ya voy por el segundo, y aun sospecho	D
que estoy los trece versos acabando.	C
Contad si son catorce, y está hecho.	D

Y sin duda quedó muy bien con su dama Violante, porque eso es el soneto: un conjunto de catorce versos endecasílabos divididos en dos cuartetos y dos tercetos, que riman con rima consonante el primer verso con el cuarto y el segundo con el tercero en el primer cuarteto, rima que se repite en el segundo. Y el primero del primer terceto con el tercero y el segundo del otro terceto. Y el segundo del primer terceto con el primero y el tercero del segundo terceto. Ésta es la forma clásica, aunque posteriormente se han admitido otras formas de combinar las rimas.

Observemos la rima en *El Canto* de Francisco Luis Bernárdez:

Este río de amor que duele tanto	A
y que tanto consuelo proporciona,	B
brota de un manantial secreto y santo	A
y recorre en silencio la persona.	B

Su corriente que alegra y emociona	B
va por zonas de júbilo y de llanto	A
hasta llegar a la secreta zona	B
donde se vuelve océano de canto.	A
En este inmenso mar, siempre desierto,	C
donde es inútil esperar más puerto	C
que el de un olvido cada vez mayor,	D
todo el hombre palpita y se resume	E
como toda la tierra, en el perfume	E
y en la forma callada de la flor.	D

El sonetillo

Es un soneto en versos de arte menor. He aquí un sonetillo octosilábico de Ricardo León, *Alivio de caminantes*:

Procura, cuando caminas	A
tomar la flor de las cosas	B
que es sabio arrancar las rosas	B
sin clavarse las espinas.	A
De estas artes peregrinas	A
son maestras primorosas	B
hormigas y mariposas,	B
abejas y golondrinas.	A

Alivia con tus canciones	C
el rigor de tus pesares	D
y hallarás consolaciones.	C
Que es don humano y divino	E
el alegrar el camino	E
con risas y con canciones.	C

Amado Nervo nos ofrece un sonetillo o sonetino pentasílabo:

Alba en sonrojos	A
tu faz parece;	B
¡no abras los ojos,	A
porque anochece!	B
Cierra, si enojos	A
la luz te ofrece,	B
los labios rojos	A
¡porque amanece!	B
Sombra en derroches,	C
luz, ¡sois bien mías!	D
Ojos oscuros,	E
¡muy buenas noches!	C
Labios maduros,	E
¡muy buenos días!	D

Y concluiremos con un *Soneto de catorce palabras,* de Manuel Machado:

Frutales	A
cargados.	B
Dorados	B
trigales.	A
Cristales	A
ahumados.	B
Quemados	B
eriales.	A
Umbría,	C
sequía,	C
solano.	D
Paleta	E
completa…	E
Verano	D

POESÍA EN VERSOS DESIGUALES

A partir de la libertad romántica, algunos poetas se permiten la licencia de escribir poesías con versos de métrica desigual, es decir, con versificación irregular. Un buen ejemplo es la poesía de Alfonsina Storni, *Yo en el fondo del mar*, de la que extraemos dos fragmentos:

En el fondo del mar
hay una casa
de cristal.
A una avenida
de madréporas
da.
Un gran pez de oro,
a las cinco,
me viene a saludar.
Me trae
un rojo ramo
de flores de coral.

...Y sobre mi cabeza
arden, en el crepúsculo,
las erizadas puntas del mar.

Otro ejemplo de alta poesía es el famoso *Nocturno* de José Asunción Silva, del que también transcribiremos un fragmento:

Una noche,
una noche toda llena de murmullos, de perfumes y de música de
                                                                 alas,
una noche
en que ardían en la sombra nupcial y húmeda las luciérnagas fantás-
                                                                 ticas,
a mi lado lentamente, contra mí ceñida toda, muda y pálida
como si un presentimiento de amarguras infinitas
hasta el más secreto fondo de tus fibras te agitara,
por la senda florecida que atraviesa la llanura
caminabas
y la luna llena
por los cielos azulosos, infinitos y profundos, esparcía su luz blanca;
y tu sombra
fina y lánguida,
y mi sombra,
por los rayos de la luna proyectadas
sobre las arenas tristes
de la senda se juntaban,
y eran una,
y eran una,
y eran una sola sombra larga,
y eran una sola sombra larga,
y eran una sola sombra larga.

COMPOSICIONES POÉTICAS

Si bien el objeto de esta preceptiva elemental es dar el esquema y los caracteres de metro, medida y ritmo de las más comunes formas poéticas, no podemos darle fin sin hacer una breve revisión de las composiciones poéticas que se destacan no por su forma sino por su contenido o tema.

El madrigal

Es un poema muy breve y delicado consagrado generalmente a asuntos amatorios. Veamos este bello ejemplo clásico de Gutierre de Cetina:

Ojos claros, serenos,
si de un dulce mirar sois alabados,
¿por qué, si me miráis, miráis airados?
Si cuanto más piadosos
más bellos parecéis a aquél que os mira,
no me miréis con ira
porque no parezcáis menos hermosos.
¡Ay, tormentos rabiosos!
Ojos claros, serenos,
ya que así me miráis, miradme al menos.

Y añadamos este madrigal moderno, titulado *Metamorfosis*, de Luis G. Urbina:

Era un cautivo beso enamorado
de una mano de nieve que tenía
la apariencia de un lirio desmayado
y el palpitar de un ave en agonía.
Y sucedió que un día,
aquella mano suave
de palidez de cirio,
de languidez de lirio,
de palpitar de ave,
se acercó tanto a la prisión del beso,
que ya no pudo más el pobre preso
y se escapó; mas, con voluble giro,
huyó la mano hasta el confín lejano,
y el beso, que volaba tras la mano,
rompiendo el aire, se volvió suspiro.

La balada

Es una composición en la cual se refieren melancólicamente
hechos o estados de ánimo, dejando traslucir la emoción del
poeta. En la balada clásica, al final de cada estrofa se repite el
mismo verso.

He aquí una *Balada* de la poetisa chilena Gabriela Mistral:

Él pasó con otra;
yo lo vi pasar.
Siempre dulce el viento
y el camino en paz

¡Y estos ojos míseros
lo vieron pasar!

Él va amando a otra
por la tierra en flor.
Ha abierto el espino
Para una canción.
¡y él va amando a otra
por la tierra en flor!

Él besó a la otra
a orillas del mar;
resbaló en las olas
la luna de azahar.
¡Y no untó mi sangre
la extensión del mar!

Él irá con otra
por la eternidad.
Habrá cielos dulces.
(Dios quiere callar).
¡Y él irá con otra
por la eternidad!

El idilio

Es una composición poética que tiene por caracteres distintivos lo tierno y delicado; y por asuntos las cosas del campo y los afectos amorosos de los pastores. Para ejemplo estas estrofas de José Trinidad Reyes:

¡Oh bosque solitario,
alegre en otro tiempo,
donde la bella Lilia
condujo tantas veces sus corderos!

¡Cuántas veces oíste
de su voz el acento
y cuántas repetiste
su graciosa expresión, en suaves ecos!

¡Cuántas veces sus plantas
hollaron este suelo
y cuántas en los árboles
con sus manos grabó divinos versos!

¡Mas, ¡ah!, que ya descansa
en profundo silencio
y no la veréis más
tristes cipreses y elevados cedros!

La égloga

Composición poética del género bucólico, es decir del que
pinta una vida campesina idealizada, que posee cierta deleitable
serenidad y atractiva dulzura, y en la cual se introducen por lo
común pastores que dialogan acerca de sus afectos y de lo con-
cerniente a la vida campestre. Son famosas las de Garcilaso de
la Vega, de cuya *Égloga* primera transcribiremos un fragmento.

Corrientes aguas, puras, cristalinas,
árboles que os estáis mirando en ellas,
verde prado de fresca sombra lleno,
aves que aquí sembráis vuestras querellas,
hiedra que por los árboles caminas,
torciendo el paso por su verde seno;
yo me vi tan ajeno
del grave mal que siento,
que de puro contento
con vuestra soledad me recreaba,
donde con dulce sueño reposaba
o con el pensamiento discurría
por donde no hallaba
sino memorias llenas de alegría;
y en este mismo valle, donde ahora
me entristezco y me canso, en el reposo
estuve yo contento y descansado.
¡Oh bien caduco, vano y presuroso!
Acuérdome durmiendo aquí alguna hora
que, despertando, a Elisa vi a mi lado.
¡Oh miserable hado!
¡Oh tela delicada,
antes de tiempo dada
a los agudos filos de la muerte!
Más convenible fuera aquesta suerte
a los cansados años de mi vida,
que es más que el hierro fuerte,
pues no la ha quebrantado tu partida.

La elegía

Composición poética del género lírico en la que se lamenta la muerte de una persona o cualquier otro acontecimiento digno de ser llorado. En nuestra lengua se la escribe generalmente en tercetos, como se ve en este fragmento de una *Elegía* de Mariano Melgar:

Lloro... no puedo más..., Silvia querida,
déjame que en torrentes de amargura
saque del pecho mío el alma herida.

El luto negro de la noche oscura
sea en mi llanto el solo compañero,
ya que no resta más a mi ternura.

Tú, cielo santo, que mi amor sincero
miras y mi dolor, dame esperanza
de que veré otra vez al bien que quiero.

En sola tu piedad tiene confianza
mi perseguido amor... Silvia amorosa,
el cielo nuestras dichas afianza.

Lloro, sí, pero mi alma así llorosa,
unida a ti con plácida cadena,
en la dulce esperanza se reposa
y ya presiente el fin de nuestra pena.

La oda

Es una composición poética del género lírico que admite diversos temas y variadas formas. Es extensa y se divide frecuentemente en estrofas. Es composición de gran elevación y arrebato lírico. Según su carácter se la titula sagrada, heroica, filosófica o moral, patriótica, etc.

Precisamente con una pomposa *Oda al Paraná*, plagada de imágenes mitológicas, escrita por Manuel José de Lavardén se inaugura la poesía porteña. He aquí un fragmento:

Augusto Paraná, sagrado río,
primogénito ilustre del Océano,
que en el carro de nácar refulgente
tirado de caimanes, recamados
de verde y oro, vas de clima en clima,
de región en región, vertiendo franco
suave frescor y pródiga abundancia,
tan grato al portugués como al hispano.

El epigrama

Es una composición breve, chistosa y aguda o mordaz y satírica. Veamos un epigrama muy popular:

Admiróse un portugués
de ver que en su tierna infancia

todos los niños de Francia
supiesen hablar francés.
—Arte diabólica es—
dijo, torciendo el mostacho,
que para hablar en gabacho,
un hidalgo, en Portugal,
llega a viejo y lo habla mal
y aquí lo parla un muchacho.

El epitafio

Es la leyenda en versos que se coloca en la lápida de una tumba. Veamos un epitafio en broma:

Yace en esta sepultura
Juan Pérez, el concejal.
Lo primero que inaugura
sin discurso inaugural.

Estos epitafios en broma estuvieron de moda al principio de siglo. He aquí uno dedicado a Bartolomé Mitre:

En esta tumba negruzca
yace el traductor del Dante.
Apúrate, caminante,
no sea que te traduzca.

DESPEDIDA

Hemos pretendido realizar este manual de versificación
en la forma más sencilla y amena posible. Y con abun-
dante ejemplificación para recordar a poetas de habla
hispana y poder ejercitarse y contribuir a formar el oído
del verso con su recitación en voz alta.
Deseamos que cumpla su misión, siendo útil a aquellos
que deseen conocer y ejercitar la técnica del verso y, al
mismo tiempo, gustar de la buena poesía.

ÍNDICE

Este libro se terminó de imprimir en:
GAMA Producción Gráfica
Zeballos 244 - Avellaneda
Agosto de 2000